THE STATIONS OF THE CROSS
EL VÍA CRUCIS

Cover image by Zacarias Pereira da Mata / Shutterstock.com. All rights reserved.
Cover and book design by Lynn Else

Nihil obstat:	Rev. Jorge A. Gómez
	Chancellor of the Diocese of Brownsville
June 18, 2012	
Imprimatur:	Most Rev. Daniel E. Flores, S.T.D.
	Bishop of Brownsville
June 22, 2012	

The *Nihil obstat* and *Imprimatur* are official declarations that a book or pamphlet is free of doctrinal or moral error. No implication is contained therein that those who have granted the *Nihil obstat* and *Imprimatur* agree with the contents, opinions, or statements expressed.

Copyright © 2013 by Mónica González

All rights reserved. No part of this book may be reproduced or transmitted in any form or by any means, electronic or mechanical, including photocopying, recording or by any information storage and retrieval system without permission in writing from the Publisher.

Library of Congress Cataloging-in-Publication Data is available upon request.

Published by Paulist Press
997 Macarthur Boulevard
Mahwah, New Jersey 07430

www.paulistpress.com

Printed and bound in the
United States of America

THE STATIONS OF THE CROSS
EL VÍA CRUCIS

A Journey in Prayer
Una Jornada en Fe

MÓNICA GONZÁLEZ

Paulist Press
New York / Mahwah, NJ

INTRODUCCIÓN

El Vía Crucis es una tradición que se ha extendido a las comunidades católicas por todo el mundo. Es una forma de acompañar a Jesús espiritualmente hacia su crucifixión. El Vía Crucis nos da la oportunidad de entrar en oración, reflexión y disciplina. Clasificada como una devoción, no existe fórmula y, por eso, hay muchas maneras de rezar el Vía Crucis.

Este folleto sirve como guía para nosotros, envolviendo a los participantes en reflexiones creativas, así como fueron enseñadas a través de los ojos de varios individuos en el camino de la Vía Dolorosa. Al mismo tiempo invoca el nombre de diferentes santos. La mayoría de las estaciones concluye con una referencia bíblica y las oraciones del Padre Nuestro, Ave María y Gloria.

El líder anunciará cada estación y proclamará: *"Te adoramos, oh Cristo, y te bendecimos"*. A esto respondemos todos: *"Que por tu Santa Cruz redimiste al mundo y a mí pecador. Amén"*. A continuación, el lector (o los lectores) lee la reflexión y la oración. Sugerimos previamente usar dos lectores. Al concluir cada estación, la asamblea reza las oraciones.

Comenzamos con la **Señal de la Cruz** y la oración inicial.

Oremos. Dios amoroso, al iniciar contigo esta jornada de oración te pedimos que abras nuestros corazones para abrazar tus deseos, en la misma forma en que tu Hijo amado abrazó su cruz. Que nuestras oraciones sean un paso más hacia la reconciliación contigo y el uno con el otro. Pedimos esto por medio de Jesucristo nuestro Señor. Amén.

INTRODUCTION

A long-standing and popular devotion, the Stations of the Cross (also called the "Way of the Cross") engages the faithful in prayer, reflection, and discipline. As a devotion, it is not defined by parameters established in rubrics, nor is there one set pattern for the prayers.

This prayer service booklet engages participants in creative reflections as told through the "eyes" of various individuals along the Via Dolorosa. It also invokes the names of different saints. Most stations conclude with a biblical reference and the recitation of the Lord's Prayer, Hail Mary, and Glory be to the Father.

After each station is announced, the leader proclaims: ***"We adore you, O Christ, and we praise You,"*** to which the assembly responds, ***"Because by your holy Cross You have redeemed the world."*** Next, a lector reads the reflection and prayer. We suggest using two lectors as indicated. To conclude each station the assembly recites the prayers.

We begin with the **Sign of the Cross** and an **Opening Prayer**:

Let us pray. Loving God, as we gather to journey with you in prayer, we ask that you open our hearts to embrace your will as your Son embraced his cross. May our prayer be another step forward in our Lenten path toward reconciliation with you and with one another. We ask this through Christ our Lord. Amen.

Primera Estación

JESÚS ES CONDENADO A LA MUERTE

Poncio Pilato no tuvo el valor de hacer una decisión justa.
¿Cuántas veces nuestra falta de fe o nuestra debilidad
de voluntad han traicionado a Jesús?

Líder: Te adoramos, O Cristo, y te bendecimos.

Todos: Que por tu Santa Cruz redimiste al mundo y a mí pecador. Amén.

Lector 1: (*Reflexión de la perspectiva de Jesús*)

Estoy postrado ante tí hoy, igual que lo estuve ante Pilato hace 2.000 años. Aunque él sabía que yo era inocente, se sometió a la presión de aquellos a su alrededor. ¿Y qué hay de ustedes aquí ahora? ¿También me condenan? ¿Recuerdan tratar a su prójimo como me tratarían a mí? Si se dejan llevar por la presión y humillan a otros—no solamente los condenan a ellos; me condenan a mí también.

Lector 2: Señor Jesús, siempre fiel y verdadero, Pilato no tuvo la fuerza para hacer lo justo, aunque sabía lo que era correcto. Concédeme el valor de escoger lo que es bueno, de honrar lo que es justo y de defender la justicia aunque tenga que hacerlo solo. Te lo pedimos por Cristo Nuestro Señor. Amén.

Líder: Dios no se reservó a su propio Hijo.

Todos: Sino que lo entregó por el bien de todos nosotros.
(Rm 8:32)

Líder: Padre nuestro…Ave María…Gloria…

First Station

JESUS IS CONDEMNED TO DEATH

Pilate lacked the courage to render a just decision. How many times has our own lack of faith or weakness of will betrayed Jesus?

Leader: We adore You, O Christ, and we praise You…

All: Because by your holy Cross You have redeemed the world.

Reader 1: *(Reflection through the eyes of Jesus)*

I stand before you today just as I stood before Pontius Pilate 2,000 years ago. Though Pilate knew I was innocent, he bowed to the pressure of those around him. And what of you here now? Do you condemn me? Do you remember to "do unto others as you would do unto me"? Cave into the pressure and put others down—you condemn not only them; you condemn me as well.

Reader 2: Lord Jesus, faithful and true, Pilate did not have the strength to do the right thing, even though he knew what was right. Give me the courage to choose what is good, to honor what is right, and to stand up for justice, even if I must do so alone. We ask this through Christ our Lord. Amen.

Leader: God did not spare his own Son.

All: But handed him over for the sake of us all. (Rom 8:32)

Leader begins: Our Father…Hail Mary…Glory be…

Segunda Estación

JESÚS CARGA CON SU CRUZ

Al tomar su cruz Jesús, la carga de la soledad y el sufrimiento pesaba totalmente sobre sus hombros.

Líder: Te adoramos, O Cristo, y te bendecimos.

Todos: Que por tu Santa Cruz redimiste al mundo y a mí pecador. Amén.

Lector 1: (*Reflexión de un carpintero*)

Al igual que los campesinos, trabajadores domésticos, cocineros y artesanos, me gano la vida como carpintero trabajando con mis manos. Casi nunca me toca hacer cruces, pero ese día lo hice. Me vi obligado porque tengo una familia que mantener. Deberían haber visto la expresión de Jesús en su rostro cuando vio a la cruz por primera vez. Vi el terror y la soledad en sus ojos. ¡Dios mío! ¿Qué he hecho?

Lector 2: Señor Jesús, Piedra Angular Preciosa, te ofrezco el trabajo de mis manos. Que sean un instrumento de paz que construya nuestra comunidad. Que haga yo todo lo que pueda para ayudar a otros a cargar con el peso de sus cruces. Te lo pedimos por la intercesión de san José. Amén.

Líder: …dijo Jesús a sus discípulos: "El que quiera seguirme…

Todos: Que renuncie a sí mismo, que cargue con su cruz y que me siga". (Mt 16:24)

Líder: Padre nuestro…Ave María…Gloria…

SECOND STATION

JESUS CARRIES HIS CROSS

The burdens of loneliness and suffering fully weighed upon his shoulders as Jesus took up his cross.

Leader: We adore You, O Christ, and we praise You…

All: Because by your holy Cross You have redeemed the world.

Reader 1: *(Reflection through the eyes of a carpenter)*

Much like farm workers, maintenance staff, cooks, and artists, I make my living as a carpenter working with my hands. I don't usually build crosses, but that day I did. I had to; I have a family to feed. You should have seen the look on his face when he first saw that cross. His eyes—I saw the sheer terror and loneliness in his eyes. My God, what have I done?

Reader 2: Lord Jesus, Precious Cornerstone, I offer you the work of my hands. May they be an instrument of peace that builds up our community. May I do all that I can to help others bear the weight of their cross. We ask this through the intercession of St. Joseph. Amen.

Leader: "Whoever wishes to come after me…

All: …must deny himself, take up his cross, and follow me."
(Matt 16:24)

Leader begins: Our Father…Hail Mary…Glory be…

Tercera Estación

JESÚS CAE POR PRIMERA VEZ

La carga de nuestros pecados y orgullo pesa tanto en Jesús ahora como del día que caminó a lo largo de la Vía Dolorosa. Jesús cae bajo el peso insoportable.

Líder: Te adoramos, O Cristo, y te bendecimos.

Todos: Que por tu Santa Cruz redimiste al mundo y a mí pecador. Amén.

Lector 1: (*Reflexión de Poncio Pilato*)

Me estremezco al verlo en la distancia. Él ha caído. Aparto la mirada. ¿Cómo esperan que yo haga algo ahora? Es muy tarde. Está fuera de mis manos. Pueden entender esto, ¿verdad? Saben lo que es apartar la mirada de los problemas y el sufrimiento. No deben esperar que uno resuelva todo.

Lector 2: Señor Jesús, Consejero Milagroso, dame el valor de creer que un individuo puede hacer la diferencia. Una persona no puede hacer todo, pero todos podemos hacer algo. Te lo pedimos por la intercesión de san Juan Diego. Amén.

Líder: Felices los que sin mancha caminan en la Ley del Señor.

Todos: Ojalá que mi andar sea recto y guarde tus mandatos. (Sal 119:1, 5)

Líder: Padre nuestro…Ave María…Gloria…

Third Station

JESUS FALLS THE FIRST TIME

The weight of our sins and pride weigh just as heavily upon Jesus now as they did along the Via Dolorosa. Jesus falls under that unbearable weight.

Leader: We adore You, O Christ, and we praise You…

All: Because by your holy Cross You have redeemed the world.

Reader 1: (*Reflection through the eyes of Pilate*)

I cringe as I see him at a distance. He's fallen. I look away. How can I be expected to do anything now? It's too late. It's out of my hands. You can understand that, right? You know what it's like to look away from problems and suffering. One can't be expected to solve everything.

Reader 2: Lord Jesus, Wonder Counselor, give me the insight to understand that while one person cannot do everything, we can *all* do something. We ask this through the intercession of Saint Juan Diego.

Leader: Happy are they whose way is blameless, who walk in the law of the Lord.

All: Oh, that I might be firm in the ways of keeping your statutes! (Ps 119:1, 5)

Leader begins: Our Father…Hail Mary…Glory be…

Cuarta Estación

JESÚS SE ENCUENTRA CON SU MADRE

Incluso en los peores momentos de un hijo, la fe de una madre en Dios la sostiene mientras ella lo conforta.

Líder: Te adoramos, O Cristo, y te bendecimos.

Todos: Que por tu Santa Cruz redimiste al mundo y a mí pecador. Amén.

Lector 1: (*Reflexión de la Virgen María*)

¡Hijo mío! Cuando tú naciste la luz brillante de una estrella anunció al mundo que había nacido nuestro Salvador. Ahora el odio en muchos de nosotros amenaza tu luz. Pero nunca la extinguirá. *Nunca*. Esta oscuridad no puede ocultar le luz de la esperanza. Confío en ti, Señor. Tengo fe que mi hijo será la Luz del Mundo que vencerá la oscuridad del pecado.

Lector 2: Señor Jesús, Luz del Mundo, tu viniste para rechazar la oscuridad del pecado. Existen momentos cuando el pecado parece ser invencible. Que la esperanza que compartiste con tu madre inspire la esperanza en mí. Sé la luz que ilumina mi alma—la luz que ilumina nuestro mundo. Te lo pedimos por la intercesión de la Santísima Virgen María.

Líder: Levántate y brilla, que ha llegado tu luz y la Gloria de Yavé amaneció sobre ti.

Todos: La oscuridad cubre la tierra y los pueblos están en la noche, pero sobre ti se levanta Yavé, y sobre ti aparece su Gloria. (Is 60:1–2)

Líder: Padre nuestro…Ave María…Gloria…

Fourth Station

JESUS MEETS HIS MOTHER

Even in the worst of times, a mother's faith in God helps her as she comforts her child.

Leader: We adore You, O Christ, and we praise You…

All: Because by your holy Cross You have redeemed the world.

Reader 1: *(Reflection through the eyes of Mary)*

My son! On the night you came into this world the brilliant light of a rising star announced to the world that a savior had been born. The hate within so many now threatens your light. But it will never extinguish it. It will not. I trust you, Lord. I have faith that my son is the Light of the World who vanquishes the darkness of sin.

Reader 2: Lord Jesus, Morning Star, you came to conquer the darkness of sin. There are times when sin feels invincible. May the hope you shared with your mother inspire hope in me. Be the light that illuminates my soul—the light that illuminates our world. We ask this through the intercession of our Blessed Mother. Amen.

Leader: Rise in splendor! Your light has come, the glory of the Lord shines upon you.

All: Darkness covers the earth…but upon you the Lord shines and over you appears his glory. (Is 60:1–2)

Leader begins: Our Father…Hail Mary…Glory be…

Quinta Estación

SIMÓN AYUDA A JESÚS

En su momento de mayor necesidad y desamparo,
Dios puso a Simón de Cirene en su camino.

Líder: Te adoramos, O Cristo, y te bendecimos.

Todos: Que por tu Santa Cruz redimiste al mundo y a mí pecador. Amén.

Lector 1: (*Reflexión de Simón*)

Me llamo Simón. Soy sólo un hombre común, sin dinero, sin enemigos y sin una agenda política. No sé leer ni escribir y estoy lejos de casa. Estoy aquí, solo. Aun así, debo hacer lo que puedo. Veo en los ojos de este hombre, al cual llaman criminal, y él toca mi corazón. Él también esta aquí, solo. Dios en su misericordia nos ha dado el uno al otro.

Lector 2: Señor Jesús, Cordero de Dios, una y otra vez Tú fuiste el que levantaste las cargas de otros. Sanaste a los enfermos, les diste la vista a los ciegos y consolaste a los que estaban sufriendo. Ahora eres Tú quien necesita ayuda. Así como Simón te ayudó aquel día en Jerusalén, haz que yo también pueda ayudarte en mi servicio a los demás. Te pedimos esto a través de la intercesión de san Francisco de Asís. Amén.

Líder: "En verdad les digo que, cuando lo hicieron con alguno de estos más pequeños, que son mis hermanos,

Todos: Lo hicieron conmigo". (Mt 25:40)

Líder: Padre nuestro…Ave María…Gloria…

Fifth Station

SIMON HELPS JESUS

In his time of greatest need, God put Simon of Cyrene in his path.

Leader: We adore You, O Christ, and we praise You…

All: Because by your holy Cross You have redeemed the world.

Reader 1: (*Reflection through the eyes of Simon*)

My name is Simon. I am but a common man with no money, no enemies, and no political agenda. I cannot read or write and I am far from home. I am alone here. Even so, I must do what I can. I look into this man's eyes—this so-called criminal—and he touches my heart. He too is alone here. God in his mercy has given us each other.

Reader 2: Lord Jesus, Lamb of God, time and again you were the one who lifted others' burdens. You healed the sick, gave sight to the blind, and comforted those who were hurting. Now you are the one in need. As Simon came to your aid that day in Jerusalem, grant that I too might come to your aid in my service of others. We ask this through the intercession of St. Francis of Assisi.

Leader: "Amen, I say to you, whatever you did for one of these least brothers of mine…

All: …you did it for me." (Matt 25:40)

Leader begins: Our Father…Hail Mary…Glory be…

Sexta Estación

VERÓNICA LIMPIA EL ROSTRO DE JESÚS

La audacia de una mujer rompe la frialdad del odio.

Líder: Te adoramos, O Cristo, y te bendecimos.

Todos: Que por tu Santa Cruz redimiste al mundo y a mí pecador. Amén.

Lector 1: (*Reflexión de un soldado*)

No puedo creer que esta mujer se haya atrevido a atravesar la multitud para limpiar el rostro del criminal. Debe ser muy audaz o muy insensata. ¿Y ustedes, cuándo fue la última vez que hicieron algo audaz por Jesús? ¿Son como Verónica, quien arriesgó todo para dar lo mejor de sí? ¿O son como yo, que se conforman con observar solamente?

Lector 2: Señor Jesús, Autor de la Salvación, dame el valor para hacer mucho más que lo que no está mal; guíame para hacer el bien. Te lo pedimos por la intercesión de santa Verónica. Amén.

Líder: Piensen en el Señor y en su poder.

Todos: Busquen siempre su presencia. (Sal 105:4)

Líder: Padre nuestro…Ave María…Gloria…

SIXTH STATION

VERONICA WIPES THE FACE OF JESUS

One woman's boldness breaks through the coldness of hate.

Leader: We adore You, O Christ, and we praise You…

All: Because by your holy Cross You have redeemed the world.

Reader 1: (*Reflection through the eyes of a soldier*)

I cannot believe this woman dared to break into the crowd to wipe the criminal's face. She must be either very bold, or not in her right mind, or both. And you people, when was the last time you did something bold for Jesus? When was the last time you put the whispers around you aside for his sake? Are you like Veronica, who risked everything to give her best? Or are you like me—content to merely observe?

Reader 2: Lord Jesus, Author of Salvation, grant me the courage to do more than what is not wrong; lead me in doing what is right. We ask this through the intercession of St. Veronica. Amen.

Leader: Look to the Lord in his strength.

All: Seek to serve him constantly. (Ps 105:4)

Leader begins: Our Father…Hail Mary…Glory be…

Séptima Estación

JESÚS CAE POR SEGUNDA VEZ

Al aumentar el cansancio por el peso de su cruz, Jesús cae por segunda vez. Pero Él encuentra la fuerza para levantarse y seguir caminando.

Líder: Te adoramos, O Cristo, y te bendecimos.

Todos: Que por tu Santa Cruz redimiste al mundo y a mí pecador. Amén.

Lector 1: (*Reflexión de una persona discapacitada*)

Toda mi vida he sido una persona discapacitada. En mi mundo esto significa que he sido diferente de la mayoría de la gente por mi discapacidad. Cuando escuché sobre este hombre que cura llamado Jesús, vine a verlo, pero ahora me arrepiento de haber hecho este largo viaje a Jerusalén. Jesús ya es un muerto en vida. No puede ni siquiera caminar ya que ha caído de nuevo. (*pausa*) Pero mírenlo, Él no se da por vencido.

Lector 2: Señor Jesús, Protector de los desamparados, han sido muchas las ocasiones que he caído y me siento derrotado. Ayúdame a recordar que al seguir tus pasos y tratar nuevamente, comparto en tu resurrección. Te pedimos esto a través de santa Teresa de Ávila. Amén.

Líder: Robustezcan las manos débiles y afirmen las rodillas que se doblan.

Todos: Díganles a los que están asustados: "Calma, no tengan miedo, porque ya viene su Dios a vengarse". (Is 35:3, 4)

Líder: Padre nuestro…Ave María…Gloria…

Seventh Station

JESUS FALLS THE SECOND TIME

As he becomes increasingly exhausted by the weight of his cross, Jesus falls a second time. But he finds the strength to get up and keep going.

Leader: We adore You, O Christ, and we praise You…

All: Because by your holy Cross You have redeemed the world.

Reader 1: (*Reflection through the eyes of one who is crippled*)

I have been crippled my entire life. In my world that means I have also been an outcast. When I heard about this healer named Jesus I came to see him, and now I wish I had not made the long journey to Jerusalem. Jesus is a dead man walking. He's not even walking anymore since he's fallen again. (*pause*) But look at him. He just won't give up.

Reader 2: Lord Jesus, Advocate of the disenfranchised, there are many times when I have fallen and I feel like giving up. Help me to remember that when I follow in your footsteps and try again, I share in your resurrection. We ask this through the intercession of St. Teresa of Avila. Amen.

Leader: Strengthen the hands that are feeble, make firm the knees that are weak.

All: "Be strong, fear not! Here is your God, he comes in vindication." (Is 35:3, 4)

Leader begins: Our Father…Hail Mary…Glory be…

OCTAVA ESTACIÓN

JESÚS CONSUELA LAS MUJERES DE JERUSALÉN

Vemos cómo es mirar más allá de la cruz que llevamos—amando a nuestros semejantes, aun en nuestros momentos más difíciles.

Líder: Te adoramos, O Cristo, y te bendecimos.

Todos: Que por tu Santa Cruz redimiste al mundo y a mí pecador. Amén.

Lector 1: (*Reflexión de san Lucas*)

Los médicos tienen una perspectiva única en el sufrimiento humano, y yo creo que no hay muerte más dolorosa, agonizante y humillante que la de la crucifixión. Aun en su agonía, Jesús hizo un esfuerzo sobrehumano para consolar a otros. Es algo extraordinario.

Lector 2: Señor Jesús, Consolador de los afligidos, permíteme seguir tu ejemplo compasivo. Ayúdame a comprender mejor nuestras necesidades y sufrimiento como seres humanos y permíteme responder de la misma manera. Permíteme apoyar especialmente aquellos sufriendo de pobreza económica o espiritual, o de enfermedades físicas o mentales. Te pedimos esto por la intercesión de san Lucas. Amén.

Líder: Entró en agonía y oraba con mayor insistencia. Su sudor se convirtió en gotas de sangre que caían hasta el suelo.

Todos: Jesús les dijo: "¿Ustedes duermen? Levántanse y oren para que no caigan en tentación". (Lc 22:44, 46)

Líder: Padre nuestro…Ave María…Gloria…

Eighth Station

JESUS COMFORTS THE WOMEN OF JERUSALEM

We see what it is like for one to look beyond the cross we bear—
loving those around us, even in our darkest moments.

Leader: We adore You, O Christ, and we praise You…

All: Because by your holy Cross You have redeemed the world.

Reader 1: (*Reflection through the eyes of St. Luke*)

Physicians have a unique perspective on human suffering and I can think of no death more painful, agonizing, or humiliating as crucifixion. The man is in agony, which makes his effort to comfort others nothing short of remarkable.

Reader 2: Lord Jesus, Comfort of the afflicted, may I follow your example of compassion. Help me better understand our needs and suffering as human beings and allow me to respond in kind. May I be especially supportive of those suffering with mental, physical, or spiritual illness. We ask this through the intercession of St. Luke.

Leader: He was in such agony and he prayed so fervently that his sweat became like drops of blood falling on the ground.

All: Jesus said to them, "Why are you sleeping? Get up and pray that you may not undergo the test." (Lk 22:44, 46)

Leader begins: Our Father…Hail Mary…Glory be…

NOVENA ESTACIÓN

JESÚS CAE POR TERCERA VEZ

Abandonado, golpeado y cansado, Jesús cae por tercera vez.
Y por tercera vez, se levanta.

Líder: Te adoramos, O Cristo, y te bendecimos.

Todos: Que por tu Santa Cruz redimiste al mundo y a mí pecador. Amén.

Lector 1: (*Reflexión de una mujer*)

Se me parte el corazón por este hombre. He compartido y sobrevivido los golpes, desilusiones y traiciones que la vida me ha dado, quizá como muchos de ustedes aquí presente. Traten de no perder la esperanza. Cuando se sientan heridos y con penas de cualquier índole, recuerden a Jesús. Él les ayudará a volverse de poner de pié.

Lector 2: Señor Jesús, Dios de esperanza, es imposible para nosotros comprender tu fuerza de voluntad, pero podemos ser inspirados por ello. Cuando otros nos causen dolor, ayúdanos a soportar lo que podamos, a cambiar lo que debemos y a restaurar lo que Tú has creado en nosotros. Que siempre recordemos que aún en medio del odio tu amor prevalece. Te pedimos esto a través de la intercesión de nuestros padres y abuelitos que están en la gloria. Amén.

Líder: ¡Qué bien venidos, por los montes, los pasos del que trae buenas noticias!

Todos: que anuncia la paz, que trae la felicidad que te anuncia tu salvación. (Is 52:7)

Líder: Padre nuestro…Ave María…Gloria…

Ninth Station

JESUS FALLS THE THIRD TIME

Abandoned, abused, and exhausted, Jesus falls for a third time. And for a third time, He gets back on his feet.

Leader: We adore You, O Christ, and we praise You…

All: Because by your holy Cross You have redeemed the world.

Reader 1: *(Reflection of a woman bystander)*

My heart breaks for this man. I have survived my own share of beatings, disappointments, and betrayals—perhaps like many of you here now. People can be cruel with others, especially toward those who are vulnerable. Try not to lose hope. When you're hurt, remember Jesus. He'll help you get back on your feet.

Reader 2: Jesus, God of hope, I cannot possibly understand your strength of will, but I can be inspired by it. When others cause me pain, please help me endure what I can, change what I must, and restore what you have created in me. May we always remember that in the midst of hate, your love prevails. We ask this through the intercession of our parents and grandparents in heaven. Amen.

Leader: How beautiful upon the mountains are the feet of him who brings glad tidings.

All: Announcing peace, bearing good news, announcing salvation. (Is 52:7)

Leader begins: Our Father…Hail Mary…Glory be…

Décima Estación

JESÚS ES DESPOJADO DE SUS VESTIDURAS

Golpeado, despojado e humillado, Jesús está frente a la cruz.

Líder: Te adoramos, O Cristo, y te bendecimos.

Todos: Que por tu Santa Cruz redimiste al mundo y a mí pecador. Amén.

Lector 1: (*Reflexión de san Juan de la Cruz*)

Le han despojado de su ropa ensangrentada—y sin embargo Él permanece silencioso. Los soldados y la multitud lo maltratan—y todavía Él permanece silencioso. Pronto lo clavarán en una cruz, pero Él no ofrece resistencia. En el silencio, Jesús nos habla. ¿Lo escuchas?

Lector 2: Señor Jesús, Buen Pastor, ablanda mi corazón que yo pueda calmar las tormentas de la tentación y el pecado que crecen dentro de mí. Hazme escuchar mejor y que sea un amigo fiel. Te lo pedimos por la intercesión de san Juan de la Cruz. Amén.

Líder: Por la fe en Cristo Jesús, todos ustedes son hijos de Dios.

Todos: Todos ustedes, al ser bautizados en Cristo, se revistieron de Cristo. (Gal 3:26)

Líder: Padre nuestro…Ave María…Gloria…

Tenth Station

JESUS IS STRIPPED OF HIS GARMENTS

Beaten, stripped, and humiliated, Jesus stands before the cross.

Leader: We adore You, O Christ, and we praise You…

All: Because by your holy Cross You have redeemed the world.

Reader 1: *(Reflection through the eyes of St. John of the Cross)*

They have stripped him of his clothes, and his bloody wounds scream in agony—and yet he remains silent. The soldiers and crowd taunt him—and still he remains silent. He is about to be nailed to a cross but he offers no resistance. In his silence, he speaks volumes. Have you been listening?

Reader 2: Lord Jesus, Gentle Shepherd, soften my heart that I may quiet the storms of temptation and sin that develop within me. Make me a better listener and more faithful friend. We ask this through the intercession of St. John of the Cross. Amen.

Leader: For all of you who were baptized into Christ…

All: …have clothed yourselves with Christ. (Gal 3:27)

Leader begins: Our Father…Hail Mary…Glory be…

Undécima Estación

JESÚS ES CLAVADO A LA CRUZ

Jesús esta colgado en una cruz. Los clavos del odio
y el perjuicio penetran sus manos y sus pies.

Líder: Te adoramos, O Cristo, y te bendecimos.

Todos: Que por tu Santa Cruz redimiste al mundo y a mí pecador. Amén.

Lector 1: (*Reflexión del Buen Ladrón*)

Yo soy culpable del crimen de que me castigan. Pero este hombre no ha hecho ningún mal. Una mirada a su rostro puede decirte eso. ¿Cómo es que la gente sea tan ciega a la verdad? Después de todo lo que he hecho, ¿me atrevo a pedir su perdón? ¿Me recordará cuando Él llegue a su reino?

Lector 2: Señor Jesús misericordioso, cuando peco pongo otro clavo a tu cuerpo. Dame la humildad de admitir mis errores, aceptar la responsabilidad por mis pecados, y perdonar a otros como Tú me perdonas. Te pedimos esto por la intercesión de san Martín de Porres. Amén.

Líder: "Se los digo de antemano, antes de que suceda, para que después de sucedido, ustedes crean que YO SOY.

Todos: En verdad les digo: El que recibe al que yo envió, a mí me recibe…". (Jn 13:19–20)

Líder: Padre nuestro…Ave María…Gloria…

Eleventh Station

JESUS IS NAILED TO THE CROSS

Jesus is hung on a cross. The nails of hate and prejudice pierce his hands and feet.

Leader: We adore You, O Christ, and we praise You…

All: Because by your holy Cross You have redeemed the world.

Reader 1: *(Reflection through the eyes of the Good Thief)*

I am guilty of the crime for which I am being punished. But this man has done nothing wrong. How can people not see that? After all that I have done, dare I beg for his forgiveness? Will he remember me when he comes into his kingdom?

Reader 2: Lord Jesus, merciful and forgiving, when I sin, I drive yet another nail into your body. I pray for the humility to admit my mistakes, accept responsibility for my sins, and forgive others as you forgive me. We ask this through the intercession of Saint Martin de Porres. Amen.

Leader: "I am telling you before it happens, so that when it happens you may believe that I AM.

All: Amen, I say to you, whoever receives the one I send receives me, and whoever receives me receives the one who sent me." (Jn 13:19–20)

Leader begins: Our Father…Hail Mary…Glory be…

Duodécima Estación

JESÚS MUERE EN LA CRUZ

Inclinando la cabeza, Jesús entrega su espíritu a Dios Padre.

Líder: Te adoramos, O Cristo, y te bendecimos.

Todos: Que por tu Santa Cruz redimiste al mundo y a mí pecador. Amén.

Líder: Favor de hincarse o inclinar la cabeza.

Lector 1:

¿Estabas presente cuando crucificaron a nuestro Señor?
¿Estabas presente cuando crucificaron a nuestro Señor?
¿Estabas presente cuando lo clavaron en la cruz?
¿Estabas presente cuando lo colocaron en la tumba?
¿Estabas presente cuando crucificaron a nuestro Señor?
¿Estabas presente cuando crucificaron a nuestro Señor?

Momento de silencio.

Líder: Amén.

Twelfth Station

JESUS DIES ON THE CROSS

Bowing his head, Jesus hands over his spirit to the Father.

Leader: We adore You, O Christ, and we praise You…

All: Because by your holy Cross You have redeemed the world.

Leader: Please kneel or bow your head.

Reader 1:

Were you there when they crucified our Lord?
Were you there when they crucified our Lord?
Were you there when they nailed him to a tree?
Were you there when they laid him in the tomb?
Were you there when they crucified our Lord?
Were you there when they crucified our Lord?

Moment of silence

Leader: Amen.

Décima Tercera Estación

JESÚS ES BAJADO DE LA CRUZ

El cuerpo de Jesús es bajado de la cruz.
La promesa de la resurrección persevera.

Líder: Te adoramos, O Cristo, y te bendecimos.

Todos: Que por tu Santa Cruz redimiste al mundo y a mí pecador. Amén.

Lector 1: *(Reflexión de san José de Aramitea)*

Dios me ha bendecido; tengo el dinero para ayudar a María con el entierro de su hijo. Pero no hay cantidad de dinero que cambie la avaricia entre nosotros. No hay riquezas que recompensen el costo de nuestro pecado, ni tesoros que nos traigan la inmortalidad. Jesús conquistó todo esto, y mucho más. Dios nos ha bendecido a todos.

Lector 2: Señor Jesús, Rey de los Reyes, perdona nuestra fe en los bienes terrenales y enséñanos a valorar lo que es realmente un tesoro: la vida que tu Padre infundió en toda la creación. Te pedimos esto por la intercesión de santos Pedro y Pablo. Amén.

Líder: Por todas partes llevamos en nuestra persona la muerte de Jesús,

Todos: para que también la vida de Jesús se manifieste en nuestra existencia moral. (2 Cor 4:10)

Líder: Padre nuestro…Ave María…Gloria…

Thirteenth Station

JESUS IS TAKEN DOWN FROM THE CROSS

The body of Jesus is taken down from the cross.
The promise of his resurrection endures.

Leader: We adore You, O Christ, and we praise You…

All: Because by your holy Cross You have redeemed the world.

Reader 1: *(Reflection through the eyes of Joseph of Arimathea)*

God has blessed me; I have the money to assist Mary in burying her son. But no amount of money can change the greed among so many. There are no riches to pay the price for our sins, no treasures that will bring us immortality. Jesus has conquered all of that and so much more. God has blessed all of us.

Reader 2: Lord Jesus, King of Kings, forgive my faith in worldly goods and teach me to value that which is truly a treasure: the life your Father breathed into all of creation. We ask this through the intercession of Saints Peter and Paul. Amen.

Leader: (Continually we are) always carrying about in the body the dying of Jesus…

All: …so that the life of Jesus may also be manifested in our body. (2 Cor 4:10)

Leader begins: Our Father…Hail Mary…Glory be…

Décima Cuarta Estación
JESÚS ES COLOCADO EN EL SEPULCRO

El cuerpo de Jesús es enterrado en la tumba donada por José de Arimatea, pero no se entierra la promesa de su resurrección.

Líder: Te adoramos, O Cristo, y te bendecimos.

Todos: Que por tu Santa Cruz redimiste al mundo y a mí pecador. Amén.

Lector 1: (*Reflexión de María Magdalena*)

Mi nombre es María Magdalena. Jesús era mi amigo. Él salvó mi vida. Ahora me siento perdida y confusa. No hay palabras que puedan expresar lo profundo de mi pesar. Pero me acojo a sus palabras: "Yo resucitaré nuevamente". Esa promesa—su promesa a ti, a mí. Cuando esa promesa se cumpla, gritaré al mundo:

"¡ÉL VIVE!"

Lector 2: Señor Jesucristo, Tú has hecho la tumba el símbolo de esperanza que promete la resurrección aun al reclamar nuestros cuerpos mortales. Concede que en medio de nuestro llanto podamos encontrar esperanza en tu promesa—una promesa a la cual respondemos cada vez que recibimos la Sagrada Comunión y decimos: "Amén".

Líder: Celebremos la promesa de nuestra resurrección a través de Cristo ofreciendo juntos las palabras que Jesús mismo nos enseño:

Todos: Padre nuestro, que estás en el cielo, santificado sea tu Nombre. Venga a nosotros tu reino, hágase tu voluntad así en la tierra como en el cielo. Danos hoy nuestro pan de cada día; perdona

FOURTEENTH STATION

JESUS IS LAID IN THE TOMB

The body of Jesus is buried in the tomb donated by Joseph of Arimathea. The promise of his resurrection is not laid to rest.

Leader: We adore You, O Christ, and we praise You…

All: Because by your holy Cross You have redeemed the world.

Reader 1: (*Reflection through the eyes of Mary Magdalene*)

My name is Mary Magdalene. Jesus was my friend. He saved my life. Right now I am lost and confused. No words can express the depth of my sorrow. But I hang on to his words: "I will rise again." That promise—his promise to you, to me. When that promise is fulfilled, I will shout to the world:

"HE'S ALIVE!"

Reader 2: Lord Jesus Christ, You have made the grave a sign of hope that promises resurrection even as it claims our mortal bodies. Grant that in the midst of our tears, we may find hope in your promise—a promise we respond to every time we receive Holy Communion and say, "Amen."

Leader: Let us celebrate the promise of our resurrection through Christ by offering together the words Jesus himself taught us to pray:

All: Our Father, who art in heaven, hallowed be thy name; thy kingdom come; thy will be done on earth as it is in heaven. Give us this day our daily bread; and forgive us our trespasses as we forgive those who trespass against us; and lead us not into temptation, but deliver us from evil. Amen.

nuestras ofensas, así como también nosotros perdonamos a los que nos ofenden; y no nos dejes caer en la tentación, y líbranos del mal. Amén.

Líder: Jesús, ayúdanos a recordar que por medio del bautismo nos hicimos hijos e hijas de Dios. Juntos con nuestros antepasados, estamos unidos en Cristo. Que podamos permanecer firmes en la fe en medio de los desafíos y las tentaciones de la vida cotidiana. Danos la fuerza de ser cariñosos y compasivos. Te lo pedimos por la intercesión de Nuestra Señora de Guadalupe diciendo:

Todos: Dios te salve, María, llena eres de gracia; el Señor es contigo. Bendita tú eres entre todas la mujeres y bendito es el fruto de tu vientre, Jesús. Santa María, Madre de Dios, ruega por nosotros pecadores, ahora y en la hora de nuestra muerte. Amén.

Líder: Señor Dios, por tu cruz y resurrección redimiste a todo el mundo, y es por tu sacrificio que podemos proclamar:

Todos: Creo en Dios, Padre todopoderoso, Creador del cielo y de la tierra. Creo en Jesucristo, su único Hijo, nuestro Señor, quien fue concebido por obra y gracia del Espíritu Santo, nació de Santa María Virgen, padeció bajo el poder de Poncio Pilato, fue crucificado, muerto y sepultado, descendió a los infiernos, al tercer día resucitó de entre los muertos, ascendió al cielo y está sentado a la diestra de Dios, el Padre todopoderoso. Desde allí ha de venir a juzgar a los vivos y a los muertos. Creo en el Espíritu Santo, la santa Iglesia católica, la comunión de los santos, el perdón de los pecados, la resurrección de la carne, y la vida eterna. Amén.

Gloria al Padre y al Hijo y al Espíritu Santo. Como era en el principio, ahora y siempre, y por los siglos de los siglos. Amén.

Leader: Jesus, help us to remember that through baptism we become a child of God. We are united in Christ, with each other and with those who have gone before us. May we remain steadfast in our faith amidst the challenges and temptations of everyday living. Grant us the strength to be loving and compassionate. We ask this through the intercession of Our Lady of Guadalupe, together saying:

All: Hail Mary, full of grace, the Lord is with thee. Blessed art thou amongst women and blessed is the fruit of thy womb, Jesus. Holy Mary, Mother of God, pray for us sinners, now and at the hour of our death. Amen.

Leader: God, by your cross You have redeemed the world, and it is because of your sacrifice that we may proclaim:

All: I believe in God, the Father almighty, Creator of heaven and Earth; and in Jesus Christ, his Only Son, our Lord, who was conceived by the Holy Spirit, born of the Virgin Mary, suffered under Pontius Pilate, was crucified, died, and was buried. He descended into hell; the third day he arose again from the dead; he ascended into heaven, and sits at the right hand of God, the Father almighty. From there he shall come to judge the living and the dead. I believe in the Holy Spirit, the holy catholic Church, the communion of saints, the forgiveness of sins, the resurrection of the body, and life everlasting.

All: Glory be to the Father…